ADRESSES
DES ARMÉES

DE LA

RÉPUBLIQUE FRANÇAISE

CONTRE

LES ROYALISTES DE L'INTÉRIEUR

(An V.—1797.)

RECUEILLIES

Par Léonard GALLOIS.

———

Prix : 20 centimes.

———

PARIS.

GUSTAVE SANDRÉ,

ÉDITEUR DES OEUVRES DE PIERRE LEROUX.

Rue Percée-Saint-André-des-Arts, 11.

1850

HISTOIRE

DE LA

CONVENTION NATIONALE,

Par Léonard GALLOIS,

8 volumes in-8. — Prix : 56 francs.

ADRESSES

DES

ARMÉES DE LA RÉPUBLIQUE FRANÇAISE

CONTRE

LES ROYALISTES DE L'INTÉRIEUR.

Quand les écrivains royalistes, dans une intention des plus malveillantes pour nos pères, ne cessaient de répéter que pendant la tourmente révolutionnaire l'honneur français s'était réfugié aux armées, ils ne se doutaient pas, ces écrivains de l'émigration, que la postérité sanctionnerait leur assertion. Ils ne se doutaient pas qu'un jour l'histoire rendrait une solennelle justice à nos assemblées nationales, à nos sociétés patriotiques, ainsi qu'à tous les hommes généreux qui, dans ces temps difficiles, combattirent courageusement pour la cause du peuple, pour le salut de l'humanité.

Un coup d'œil rétrospectif sur la composition de ces immortelles armées suffira pour prouver que les contre-révolutionnaires ont dit, cette fois, une grande vérité.

Quels furent, en effet, les hommes qui formèrent les premiers bataillons de volontaires vainqueurs à Valmy et à Jemmapes ?

Les citoyens les plus dévoués à la cause de la liberté ; ceux dont l'âme chaleureuse s'était embrasée du saint amour de la patrie ; ceux qui avaient puisé dans la lecture de l'histoire des républiques grecque et romaine les plus nobles exemples d'héroïsme et de dévouement.

Quels furent les nouveaux soldats qui, après la trahison de Dumouriez, accoururent à nos frontières menacées ?

Toujours les citoyens les plus enthousiastes, les patriotes les plus ardents, les plus généreux.

Et quand vint la levée en masse, comment se recrutèrent-elles les quatorze armées de la République ?

Là, point d'hommes vendus. Tout ce qui était du peuple et pour le peuple courut à l'ennemi. Là, point de réfractaires, si ce n'est les ex-nobles. Quant aux jeunes dandys de l'époque, ces beaux fils de la haute bourgeoisie, ils se réfugièrent presque tous dans les administrations militaires, les charrois, les hôpitaux, etc., etc.

Nos phalanges républicaines, formées de tout ce qui portait un noble cœur, devaient donc vaincre ou périr. Et pour ajouter encore à leur bonne composition, le gouvernement révolutionnaire, avec cette puissance de mise en œuvre qui le caractérisait, ne négligea rien pour inculquer dans le cœur des jeunes soldats toutes les vertus militaires sans leur faire perdre celles du citoyen.

Aussi les armées de Dumouriez, de Jourdan, de Dugommier, de Pichegru, de Hoche, de Championnet, de Moreau, de Masséna, de Lefebvre, d'Augereau, de Moncey, de Bonaparte, etc., etc., ne cessèrent-elles d'être un modèle de discipline militaire et de dignité individuelle. Quelque confiance que ces armées eussent en leurs généraux, quel que fût l'attachement des subalternes pour leurs chefs, les volontaires républicains se seraient crus offensés si on les eût désignés comme les soldats de tel ou tel général ; ils ne voulurent être et ne furent en effet que les soldats de la République française, les *défenseurs de la patrie et de la liberté*. Pour la patrie et pour la liberté, ils souffrirent longtemps le froid et la faim ; et pour asseoir la République sur des bases indestructibles, ils allèrent, pieds nus et sans pain, dicter la paix à Amsterdam, à Madrid, à Turin et à Campo-Formio.

Or, pendant que ces véritables soldats-citoyens faisaient triompher la République contre tous les *satellites des despotes*, comme on disait alors, les gens honnêtes et modérés de l'intérieur travaillaient de toutes leurs forces à renverser cette République victorieuse au dehors, et à faire rétrograder l'esprit humain. Ces honnêtes royalistes, fidèles aux instructions parties de Blankenbourg et de Londres, étaient arrivés, en faisant calomnier journellement les meilleurs républicains par leurs trente-cinq journaux, à s'emparer d'une grande partie des assemblées primaires, et à faire tomber la plupart des choix sur les partisans de la royauté. A l'exception d'un petit nombre de départements où l'énergie républicaine avait neutralisé leurs manœuvres, les élections de l'an V venaient de porter aux fonctions publiques et fait entrer jusque dans le corps législatif, des émigrés, des chefs de rebelles, tous royalistes prononcés, c'est-à-dire des traîtres à la République.

Aussi chaque jour voyait-on rapporter ou dénaturer les lois démocratiques qui existaient encore, et la constitution elle-même, après avoir été faussée dans tout ce qu'elle contenait de populaire, était attaquée violemment par ceux-là mêmes qu'elle avait appelés à la défendre. La contre-révolution était imminente, et les royalistes ne se donnaient pas même la peine de cacher leurs desseins. Ils exprimaient hautement leurs vues dans le club de la rue de Clichy, réunion habituelle de tous les partisans de la royauté.

Les républicains fondaient bien encore quelques espérances sur le *Conseil des anciens*, généralement moins corrompu que celui des *Cinq cents*, et dans le Directoire, dont la majorité était franchement dévouée à la cause de la révolution ; mais les royalistes s'étaient emparés des avenues du pouvoir, en accaparant toutes les fonctions publiques, et le danger devenait chaque jour plus imminent.

Les démocrates pouvaient toujours compter sur l'appui des armées de la République, essentiellement révolutionnaires ; mais ces armées se trouvaient toutes sur les frontières ou en pays étrangers. D'ailleurs la constitution liait les mains du Directoire, en défendant aux corps armés de délibérer et de s'approcher du lieu où siégeait le corps législatif.

Il fallut donc aviser aux moyens de sauver la chose publique et la Constitution elle-même sans la violer. Les membres républicains du Directoire s'entendirent avec les généraux en chef, dans le but de tenir en respect les royalistes, et afin de garantir la République des attaques ouvertes dont elle allait être l'objet. Ce plan fut exécuté avec un ensemble admirable, et les bons effets ne s'en firent pas attendre.

Ce fut d'abord le général en chef de l'armée d'Italie, Bonaparte, qui fit parvenir au Directoire et à toutes les administrations départementales le procès-verbal de la fête célébrée par cette armée, à l'occasion de l'anniversaire du 14 juillet ; fête toute républicaine, toute révolutionnaire, dans laquelle furent émis les vœux de l'armée sous la forme de tostes. On y lit les suivants (1) :

PAR LE GÉNÉRAL EN CHEF BONAPARTE :

« Aux mânes de Stengel, mort au champ d'honneur à Mondovi ; de La Harpe, mort aux champs de Fombio ; de Dubois, mort aux champs de Roveredo, et à tous les braves *morts pour la défense de la liberté!* Puissent leurs mânes être toujours autour de nous : elles nous préviendront des embûches des ennemis de la patrie! »

PAR LE GÉNÉRAL BÉRTHIER :

« A la constitution de l'an III et au Directoire exécutif de la République Française! Qu'il soit, par sa fermeté, digne des armées et des hautes destinées de

(1) Les *tostes* ou, comme on disait alors, les *santés* portées par l'armée d'Italie, et que nous reproduisons ici, furent publiés dans le *Moniteur universel* du 25 thermidor de l'an V (12 août 1797).

la République, et qu'il anéantisse les contre-révolutionnaires qui ne se déguisent plus ! »

(Ici la musique joua l'air de *Ça ira !*)

PAR LE GÉNÉRAL VIGNOLLE :

« Au Conseil des anciens ! puisse-t-il, comme un rocher, opposer une digue insurmontable aux projets des contre-révolutionnaires ! »

PAR UN VÉTÉRAN COUVERT DE BLESSURES :

« A la réémigration des émigrés ! »

PAR UN CHEF DE BATAILLON DU 12e D'INFANTERIE :

« A l'union des républicains français ! puissent-ils, à l'exemple de l'armée d'Italie, et soutenus par elle, reprendre l'énergie qui convient au premier peuple de la terre ! »

PAR LE GÉNÉRAL LANNES, couvert de blessures :

« A la destruction du club de Clichy ! Les infâmes ! ils veulent encore des révolutions ! Que le sang des patriotes qu'ils font assassiner retombe sur eux !
(Ici la musique exécuta *le Pas de charge.*)»

PAR LE GÉNÉRAL REY

« A l'union de tous les soldats des armées de la République ! Que les ennemis de la patrie et de la liberté périssent ; et, s'il le faut, que les soldats reconquièrent la liberté ! »

L'élan républicain était ainsi donné ; Hoche ne tarda pas à envoyer la relation de la fête que son armée de Sambre-et-Meuse venait de célébrer à Wetzlar, à l'occasion de l'anniversaire du *Dix-Août.* Les tostes portés à cette fête furent encore plus significatifs ; car les royalistes, s'agitant de toutes parts, mettaient la République en péril.

Voici le toste porté :

PAR LE GÉNÉRAL EN CHEF HOCHE (1)

« A la République française ! Que toujours ses anciens défenseurs lui soient fidèles ! Puisse leur courage, qui a constamment triomphé des ennemis extérieurs, anéantir au dedans toutes les factions royalistes !

PAR LE GÉNÉRAL LEFEBVRE :

« A la haine des ennemis de la République ! Feu de file sur les coquins qui souillent le sol de la liberté ! »

PAR LE GÉNÉRAL CHAMPIONNET :

« A l'armée d'Italie ! Nous vous avons entendus, braves camarades, et nous marcherons avec vous ! »

(1) Tous ces tostes de l'armée de Sambre-et-Meuse sont extraits du *Moniteur universel* du 6 fructidor de l'an V (23 août 1797).

PAR LE GÉNÉRAL D'ARTILLERIE DEBELLE.

« Au Directoire exécutif ! Que semblable aux foudres républicaines qui ont pulvérisé les ennemis de la patrie, il écrase les traîtres et les conspirateurs royalistes !

PAR LE GÉNÉRAL D'ARTILLERIE D'HAUTPOUL :

« Aux défenseurs de la patrie ! Qu'ils trouvent, en rentrant dans leurs foyers, les égards et la reconnaissance qu'ils méritent ! »

PAR LE GÉNÉRAL CHÉRIN, chef d'état-major général :

« Aux membres du gouvernement qui, par des mesures énergiques et sages, feront respecter la République au dehors, étoufferont les factions royalistes, et rétabliront la concorde dans l'intérieur ! »

PAR LE GÉNÉRAL KLEIN, commandant les dragons.

« A l'armée de Rhin et Moselle, notre émule en bravoure ; elle ne nous cédera pas en patriotisme. »

PAR LE GÉNÉRAL NEY, commandant les hussards :

« Au maintien de la République ! Grands politiques de Clichy, daignez ne pas nous forcer à faire sonner la charge ! »

PAR DE GÉNÉRAL LEGRAND :

« Au Dix-Août ! Que cette glorieuse époque soit toujours sacrée pour les Français ! »

PAR LE GÉNÉRAL SOULT :

« Au général Jourdan, membre fidèle et pur du conseil des *Cinq-Cents !* Puisse-t-il nous donner d'aussi bonnes lois, comme législateur, qu'il nous a donné de grands exemples, comme général, et opposer le même courage aux ennemis du dedans qu'il en a montré contre ceux du dehors ! »

PAR LE GÉNÉRAL CHASSELOUP :

« Aux journalistes patriotes ! Périssent sous le bâton les écrivailleurs soudoyés par Blankenbourg et Clichy ! »

PAR LE GÉNÉRAL DUCHEIRON ·

« A tous les républicains de l'intérieur ! Que les dégoûts dont on les abreuve ne fassent qu'augmenter leur énergie ; qu'ils se rappellent que les défenseurs de la patrie sont leurs amis et leurs incorruptibles soutiens ! »

PAR UN CHEF DE BRIGADE DE CAVALERIE :

« Aux gardes nationales ! Nous sommes sûrs de n'y trouver que des frères ! »

PAR UN CHEF DE BATAILLON D'INFANTERIE :

« A la coalition légitime de l'armée d'Italie, de celle de Sambre-et-Meuse, et de toutes les armées de la République pour le maintien de la constitution de l'an III ! Que les ennemis de nos lois démocratiques frémissent de cette union, et qu'ils tremblent en regardant qui ils sont et ce que nous sommes ! »

PAR UN CHEF DE BATAILLON DU GÉNIE :

« Aux mânes de Marceau, de Bonneau et de tous les braves qui ont péri aux champs de la gloire, et cimenté de leur sang notre liberté et notre Constitution ! »

PAR UN CHEF D'ESCADRON :

« Aux patriotes des Cinq-Cents ! Le nombre et les cris de leurs ennemis ne les intimideront pas ; ils savent quels sont et où sont leurs amis ! »

PAR UN CAPITAINE DE GRENADIERS :

« A la puissance des baïonnettes ! Elles ont mis en fuite les ennemis du dehors : elles ne sont point émoussées pour les brigands de l'intérieur ! »

PAR UN VÉTÉRAN :

« A l'affermissement de la liberté et de l'égalité ! Au règne de la fraternité ! Nous retrouverons la vigueur de la jeunesse pour voler au secours des lois et de la Constitution. »

On comprend l'effet que produisirent ces tostes publiés non seulement à Paris, mais encore dans la plupart des grandes villes. Les royalistes se récrièrent vivement contre les projets qu'on leur imputait ; et plus d'une administration départementale, gangrenée de monarchisme, essaya de prouver à l'armée qu'elle voyait et jugeait mal la situation du pays.

Mais comme la contre-révolution gagnait évidemment du terrain, les armées de la République ne se bornèrent plus à des tostes ; elles firent parvenir soit au Directoire, soit à l'armée, soit aux patriotes de l'intérieur, des adresses fulminantes, qui furent faites, non pas collectivement, ce que la Constitution défendait, mais individuellement, au nom et avec les signatures de tous les citoyens formant les diverses divisions. Ces adresses parvinrent à Paris peu de jours avant le coup d'état salutaire du 18 fructidor ; elles servirent puissamment la cause de la République contre les projets des royalistes : aussi le Directoire les fit-il publier aussitôt (1).

LES CITOYENS COMPOSANT LA 1ʳᵉ DIVISION DE L'ARMÉE D'ITALIE, SOUS LES ORDRES DE MASSÉNA, AU DIRECTOIRE EXÉCUTIF :

« ..... Quel tableau déchirant nous offre la patrie ! La Constitution violée, le gouvernement avili, les émigrés rentrés, les prêtres rebelles aux lois protégés et honorés, les républicains probes et vertueux persécutés et égorgés, les poignards royalistes, enfin, teints du sang des défenseurs de la liberté.....

(1) Toutes les adresses de l'armée d'Italie, dont nous reproduisons les extraits, ont été publiées dans le *Moniteur universel* des 25 et 26 thermidor an V (12 et 13 août 1797).

Qu'ils tremblent, les conspirateurs ! Nous le tiendrons ce serment de défendre la Constitution !... Les glaives qui ont exterminé les armées des rois, sont encore dans les mains de celles du Rhin, de Sambre-et-Meuse et d'Italie.... Réunis à tous les républicains restés fidèles, nous la défendrons, et nos ennemis auront vécu. »

LA 2ᵉ DIVISION, COMMANDÉE PAR AUGEREAU, A SES FRÈRES D'ARMES DE L'ARMÉE DE L'INTÉRIEUR :

« Qui peut calculer la perfidie des moyens employés par ces infâmes agents de la royauté ? Suivez-les dans toutes leurs démarches ; c'est toujours Machiavel à la main qu'ils dirigent leur sombre conduite.

» Conspirateurs de Clichy ! il est donc vrai que vous voulez la guerre ! Vous l'aurez, méchants, vous l'aurez ; mais doutez-vous un instant du sort qui vous attend ! Qu'osez-vous espérer de cette lutte inégale ? Vous êtes rusés, astucieux, perfides, mais vous êtes encore plus lâches, et nous avons pour vous combattre du fer, des vertus républicaines, du courage, le souvenir de nos victoires et l'enthousiasme irrésistible de la liberté... Et vous, méprisables instruments des forfaits de vos maîtres, vous qui, dans votre délire, osez vous croire des puissances, et n'êtes que de vils reptiles ; vous qui nous faites un crime d'avoir garanti vos propriétés, éloigné de vos murs les fléaux de la guerre et *sauvé la patrie;* vous, enfin, qui avez fait du mépris, de l'infamie, de l'outrage et de la mort le partage des défenseurs de la République, tremblez! De l'Adige au Rhin et à la Seine, il n'y a qu'un pas ; tremblez, vos iniquités sont comptées, et le prix en est au bout de nos baïonnettes.

» Camarades de l'intérieur, l'armée d'Italie est sœur de toutes les autres : elle les tient par la main, malgré les monts et les fleuves ; et si la Constitution est menacée, si les royalistes osent accepter le combat, songez au dépôt précieux qui vous est confié : défendez les lois de la République..... Souvenez-vous que vous êtes l'avant-garde des phalanges de la liberté, et que nous marchons derrière vous, déterminés à vaincre ! »

LA 3ᵉ DIVISION, COMMANDÉE PAR BERNADOTTE, AU DIRECTOIRE :

« La Constitution républicaine semble être menacée... Si le fait est vrai, si les conspirateurs ont formé le projet de porter une main sacrilège sur la liberté, un plus long silence serait faiblesse et rendrait les ennemis plus insolents... Les mêmes bras qui ont assuré l'indépendance nationale, les mêmes chefs qui ont guidé les phalanges existent encore ; avec de tels appuis, avec de telles sauvegardes, vous n'avez qu'à vouloir pour faire disparaître les conspirateurs de la liste des vivants. »

LA 4ᵉ DIVISION, COMMANDÉE PAR LE GÉNÉRAL SERRURIER, AU DIRECTOIRE :

« Les horreurs qui se commettent en France depuis longtemps, ont excité en nous la plus vive et la plus juste indignation. Nous savons que chaque jour est marqué par l'assassinat des républicains les plus purs... Il est temps de mettre fin à tant de crimes, et de convaincre ces monstres qu'ils se flattent en vain de nous donner des chaines. Ont-ils donc oublié les sacrifices que nous avons faits et que nous ferions encore, s'il le fallait, pour jouir d'un gouvernement libre ? Qu'ils sachent que ce serment sacré : *La République ou la mort*, est gravé en caractères de feu dans le cœur de tous les défenseurs de la patrie !

» Parlez, citoyens directeurs, parlez, et aussitôt les scélérats qui souillent le sol de la liberté n'existeront plus. Comptez sur notre entier dévouement au maintien de la Constitution ; nous en renouvelons le serment entre vos mains, et nous en prenons à témoin les mânes de nos braves compagnons d'armes, morts au champ d'honneur. »

LA 5e DIVISION, COMMANDÉE PAR LE GÉNÉRAL JOUBERT, A L'ARMÉE DE L'INTÉRIEUR :

« Le royalisme lève une tête audacieuse et multiplie les meurtres dans tous les départements. Le fanatisme fascine les yeux, échauffe toutes les têtes, aiguise les poignards. On suit ouvertement, dans la législative, l'exécution d'un plan combiné pour rétablir le trône. Une loi liberticide est à peine passée qu'une autre est préparée... Ajoutez les hurlements effroyables des journalistes de Louis XVIII, et vous aurez le tableau lugubre de la contre-révolution.

« Eh, quoi ! camarades, nous aurions versé tant de sang pour la prospérité de la patrie, pour sa gloire, pour ses libertés, et nous la verrions encore replongée dans le désordre et l'anarchie, dans les fureurs du royalisme ! L'odieux Capet qui, depuis six ans, promène son opprobre d'État en État, toujours chassé par nos phalanges républicaines, les remettrait aujourd'hui sous le joug ! Si cette idée est révoltante pour tout citoyen que l'amour de la patrie a aiguillonné une seule fois, combien ne l'est-elle pas davantage pour les vieux soldats de la République ?.... Nous jurons tous la mort des factieux et le triomphe de la liberté avec la Constitution de l'an III. »

LA 6e DIVISION, SOUS LES ORDRES DU GÉNÉRAL BARAGUAY-D'HILLIERS, AU DIRECTOIRE EXÉCUTIF :

« Plus les cris contre-révolutionnaires se font entendre dans l'intérieur de l'État, plus les libertés publiques de la Constitution républicaine que nous avons juré de défendre sont menacées, plus le devoir sacré de tous les bons citoyens est de se montrer au grand jour et de manifester leurs sentiments.

» C'est dans cette intention, citoyens-directeurs, que nous renouvelons ici entre vos mains le serment solennel de haine aux factieux, de guerre à mort aux royalistes, de respect et de fidélité à la Constitution de l'an III. Conservez, par votre sagesse, ce dépôt sacré que les lois vous confient ; comptez toujours sur notre zèle ; nos baïonnettes, en tout temps, seront prêtes pour la défendre contre ses ennemis du dehors et du dedans. »

LA 7e DIVISION, COMMANDÉE PAR LE GÉNÉRAL DELMAS, AU DIRECTOIRE EXÉCUTIF :

« De toutes parts on nous annonce que les ennemis de la chose publique se sont enfin réunis pour porter le dernier coup au gouvernement républicain ; et qu'ils poussent leurs prétentions jusqu'à vouloir attenter à notre liberté.... Nous devons vous rappeler que nous avons adopté la Constitution de l'an III, et que nous avons juré de défendre, jusqu'à extinction de chaleur naturelle, la liberté de notre pays. Nous ne serons pas parjures.

» Si les conspirateurs prennent notre patience à endurer les maux qui déchirent depuis longtemps la patrie pour de la faiblesse, qu'ils tremblent d'avance de leur erreur ! Directeurs, attestez aux partis royalistes que nous ne capitulerons jamais, et que s'il était possible que la liberté périsse, nous sommes tous déterminés à nous ensevelir sous ses ruines. »

LA 8ᵉ DIVISION, COMMANDÉE PAR LE GÉNÉRAL VICTOR,
AU DIRECTOIRE :

« Quoi ! la République triomphante par ses armées de tous les efforts des despotes coalisés, est insultée, trahie et plus exposée que jamais ; quoi ! toutes les lois constitutionnelles pour lesquelles nous avons versé tant de sang, seraient anéanties ? Pensent-ils, ces implacables ennemis de la liberté, que les armées républicaines n'existent plus ? Ont-ils pu s'imaginer qu'elles resteraient tranquilles spectatrices de leurs forfaits ? Plutôt mille fois mourir !!! Les patriotes persécutés, emprisonnés, assassinés... Le fanatisme protégé, sonnant partout le tocsin de la discorde ; les royalistes levant leurs têtes criminelles... Ce sont là des atrocités que ceux qui combattent depuis six ans pour conquérir leurs droits ne peuvent plus tolérer ! Oui, nous jurons guerre impitoyable à tous les ennemis de la liberté et de la République !... Plus d'indulgence ; plus de demi-mesures : *La République ou la mort !* »

LA 2ᵉ DIVISION DE CAVALERIE, COMMANDÉE PAR LE GÉNÉRAL DUMAS,
AU DIRECTOIRE EXÉCUTIF :

« Nous apprenons avec indignation que notre mère commune est déchirée par les monstres qu'elle avait pour toujours rejetés de son sein, que le royalisme, en un mot, lève sa tête audacieuse et lance partout des regards furieux et menaçants. Qu'espèrent-ils donc ces hommes ? pensent-ils que nous n'avons si longtemps combattu la tyrannie que pour leur assurer des triomphes ? Ils se trompent : le fer qui nous a été confié pour la cause de la liberté, sera pour eux à double tranchant. Plus le danger est imminent, citoyens directeurs, plus il vous faut d'énergie. Vous connaissez le patriotisme pur de l'armée d'Italie, comptez sur elle. Depuis le chef qui la commande jusqu'au plus jeune de ses soldats, sa volonté est une : exécrer les rois, les séditieux, protéger les républicains, et défendre jusqu'au dernier soupir la Constitution de l'an III. »

L'ÉTAT-MAJOR GÉNÉRAL DE L'ARMÉE D'ITALIE, A LEURS FRÈRES
D'ARMES DE L'ARMÉE DE L'INTÉRIEUR.

« Camarades, c'est avec indignation que nous avons vu les intrigues du royalisme menacer la liberté. Notre voix s'est aussitôt mêlée à celle de tous nos camarades... Nous avons juré de maintenir la Constitution de l'an III, de défendre la liberté, de soutenir le gouvernement de la république. Nous avons juré, par les mânes des héros morts pour la patrie, guerre implacable à la royauté et aux royalistes.... Tels sont nos sentiments ; tels sont les vôtres et ceux de tous les patriotes. *Qu'ils se montrent, les royalistes, et ils auront vécu !* »

L'INFANTERIE LÉGÈRE EN STATION DANS LA CI-DEVANT LOMBARDIE, COMMANDÉE PAR LE CHEF DE BRIGADE LUCOTTE, AU DIRECTOIRE EXÉCUTIF :

« Guerre éternelle aux royalistes ! — La République ou la mort !

» Citoyens directeurs, tandis qu'éloignés de notre patrie, nous l'avons défendue avec constance, on ose, même dans Paris, conspirer contre elle !

» Des hommes qui ont dérobé ou corrompu le vœu du peuple, sapent à grands coups les fondements de la République, et rebâtissent le trône !

» Non, directeurs, vous ne permettrez pas au crime de conspirer avec succès. Vous fûtes toujours le *palladium* de la Constitution de l'an III, vous serez toujours l'espoir des patriotes et des soldats. Mais n'oubliez pas que ceux-là sont les plus purs, les plus solides défenseurs de la république...

» Eh quoi ! parce que l'armée contre-révolutionnaire est nombreuse, parce que son quartier-général est à Clichy et nous en Italie, vous seriez intimidés ?

» La république naissante, attaquée par toute l'Europe, ordonna à ses enfants de se lever. Tous debout, nous avons repoussé ses ennemis extérieurs jusqu'à Madrid, jusqu'à Rome, jusqu'à Vienne... Ils ont demandé la paix.... Ratifiez-la, directeurs, et criez avec nous : *Aux armes contre les ennemis de l'intérieur !*

» Alors tremblez, vils soutiens du despotisme, réfractaires de la liberté, fanatiques infâmes, lâches assassins, sacrilèges sicaires du royalisme ; demandez à la terre de vous engloutir, car il n'y aura plus ni pitié, ni trève.

» Et vous gardiens fidèles, amis constants des lois républicaines, vous nos parents persécutés, proscrits : vous artistes paisibles, vous habitants égarés des campagnes, rassurez-vous, reprenez courage : c'est une heure de justice épouvantable qui sonnera !... Le déluge universel fut nécessaire pour purger la terre ; il faut que les armées purifient la France ! Oui, rassurez-vous, vous tous qui n'êtes pas coupables ; jetez-vous dans l'arche de la liberté ; elle ne peut faire naufrage. Mais auparavant marquez du sceau de la réprobation les ennemis irréconciliables de la République.

» *Nous passerons sur eux comme la foudre.* »

— Enfin LA COLONNE MOBILE SOUS LES ORDRES DU GÉNÉRAL BON adressait au Directoire quelques mots sur la crise où la République se trouvait, et sur le vif désir de l'armée d'en finir avec les royalistes.

« Citoyens directeurs, disaient les soldats citoyens composant cette colonne, nous venons vous dire qu'il est temps de mettre un terme aux *forfaits du royalisme :* ordonnez, les soldats de la liberté sont là pour faire triompher les lois et la Constitution, et venger les républicains outragés. »

La rage des royalistes, en lisant ces adresses, qui leur ôtaient tout espoir du côté des soldats de la République, éclata à la tribune : ils présentèrent des projets de loi pour punir les militaires qui se permettaient de se considérer comme citoyens et d'émettre, en cette qualité, leurs opinions sur les affaires publiques ; ces projets de loi étaient draconiens. Aussi Talot s'écria-t-il :

» Eh quoi ! les plus vils des hommes, des folliculaires trafiquent du mensonge, colportent la calomnie et sont protégés par les lois ! leurs vœux impies pour la royauté sont impunis, et ceux qui s'élèvent pour la République seront des crimes ! »

Mais les royalistes ne voulaient autre chose que préparer, par les mesures que la majorité des *Cinq-Cents* imaginait chaque jour, le renversement de la Constitution. Ne pouvant plus compter sur les soldats, quoique le traître Pichegru eût promis de marcher avec Condé contre la République, ils cherchèrent à réorganiser la garde nationale, afin de l'opposer aux troupes. Ils voulaient en faire un corps semi-militaire, toujours prêt à prendre les armes pour seconder leurs vues contre-révolutionnaires.

« Est-ce à l'abri d'une Constitution sage, leur disait Dubois-Dubay, que vous devez faire de la France un vaste camp, toujours sous les armes ? Avec de telles lois, craignez de rendre la liberté plus fatigante que la plus onéreuse et la plus odieuse des tyrannies. »

Les royalistes marchaient toujours vers leur but. Ils n'étaient pas loin de l'atteindre, lorsqu'un membre des *Cinq-Cents*, Bailleul, publia un écrit qui acheva d'ouvrir les yeux des républicains sincères siégeant encore dans les deux conseils et au Directoire.

« Je n'irai point à une tribune dont toute liberté est bannie, disait-il courageusement ; je n'irai point au milieu de délibérations qui ne sont plus qu'un jeu cruel, une atroce dérision, recueillir l'outrage et offrir à des interrupteurs, à des conjurés, sans honte comme sans remords, des discours qui, quoique bien ménagés, bien élagués, bien adoucis, offriraient encore trop de vérités pour que les conspirateurs pussent les entendre... C'est aux Français, c'est à la nation entière que je m'adresse : je dirai ici toute ma pensée sans ménagement et sans crainte..... »

Puis entrant en matière, Bailleul rappelait comment les royalistes, naguère repoussés partout, étaient parvenus à s'emparer des avenues du pouvoir.

« Ceux des conjurés ou des contre-révolutionnaires qui étaient entrés dans le sein du corps législatif, forts des malheurs qui avaient frappé le berceau de la République, disait-il, eurent d'abord trop d'influence. Bientôt ils se considérèrent comme les maîtres... Relisez les projets présentés dernièrement au conseil des *Cinq-Cents*, vous y remarquerez cette combinaison d'après laquelle on ne peut employer aucun fonctionnaire, aucun officier de la Révolution. Quand Monck préparait la contre-révolution en Angleterre, une des premières précautions qu'il prit avant la convocation du nouveau parlement, dont les choix avaient été aussi dirigés par les *bons amis de la République* pour la royauté, ce fut de replacer insensiblement tous les anciens officiers connus pour être dévoués à la monarchie. Le projet dernièrement présenté ressemble un peu à cela.... Partout des royalistes éhontés, des chefs de chouans, des émigrés..... Voilà ce qui compose, en grande partie, les choix qui ont été faits sous les auspices des agents royaux... »

Passant ensuite au projet évident des chefs qui disposaient de la majorité dans l'assemblée, Bailleul s'exprimait ainsi :

« Si les secrets de la conjuration n'étaient pas révélés, la conduite des conjurés et de leurs agents ne parlerait-elle pas assez haut?... Les tribunaux, sans parler de celui de cassation qui leur est dévoué et qui s'est rendu leur vil instrument, ne souffrent pas seulement le crime par leur inaction, ils l'autorisent par l'acquittement.....Les administrations! que n'ont-elles pas fait en faveur de la contre-révolution ?...

» Mais si de tels magistrats sont coupables, quel nom donner à ces hommes qui, revêtus de fonctions suprêmes, ont eu l'audace d'excuser à la tribune nationale la révolte, l'assassinat, et qui ont même le courage de donner le signal du bouleversement? Les infâmes! tout ce qui a voulu la République, tout ce qui l'a soutenue, ils l'ont mis hors la loi! En effet, parcourez le texte des procès-verbaux de leurs séances, y a-t-il un mot qui ne soit un motif d'alarme pour les républicains? y a-t-il un mot qui ne soit un encouragement pour les royalistes ? »

L'écrit de Bailleul, dénoncé par Duprat, devint l'occasion de plusieurs séances orageuses, pendant lesquelles le Directoire, appuyé par les armées et par tous les bons citoyens, se décida à mettre un terme aux conspirations des ennemis de la République.

Dans la nuit du 18 fructidor an V, une cinquantaine de membres influents des deux conseils furent mis en état d'arrestation (1), ainsi que les rédacteurs des *trente-cinq* journaux royalistes.

Dès que le soleil fut levé, la population se pressait devant une affiche ainsi conçue :

« Le conseil des Cinq-Cents, considérant que les ennemis de la République ont constamment suivi le plan qui leur a été tracé par les instructions saisies

---

(1) Parmi les membres des conseils arrêtés cette nuit, se trouvaient : Aubry, Boissy d'Anglas, Bourdon (de l'Oise), Cadroy, Delahaie, Delarue, Dumolard, Duprat, Henri Larivière, Imbert Colomès, Camille Jordan, Lemarchant-Gomicourt, Lemerer, Mersan, André (de la Lozère), Pastoret, Pichegru, Quatremère, Saladin, Vaublanc, Villaret-Joyeuse, Willot, Barbé-Marbois, Murinais, Portalis, Rovère, Tronçon-Ducoudray, etc. La faveur dont quelques uns de ces royalistes jouirent sous la Restauration, prouve que le directoire avait frappé juste.

sur Brottier, Laville-Heurnoy et Duverne de Presle, et qu'ils ont été secondés par une foule d'émissaires royaux disséminés sur tous les points de la France ;

» Considérant qu'il a été spécialement recommandé à ces agents de diriger les opérations et les choix des assemblées primaires, communales et électorales, et de faire tomber tous ces choix sur les partisans de la royauté :

» Qu'à l'exception d'un petit nombre de départements, où l'énergie des républicains les a neutralisées, les élections ont porté aux fonctions publiques et fait entrer jusque dans le sein du corps législatif, des émigrés, des chefs de rebelles et des royalistes prononcés ;

» Considérant *que la Constitution, se trouvant attaquée par une partie de ceux-là mêmes qu'elle avait spécialement appelés à la défendre et contre qui elle ne s'était pas précautionnée*, il n'est pas possible de la maintenir sans recourir à des mesures extraordinaires ;

» Considérant enfin que, pour étouffer la conspiration existante contre la République, prévenir la guerre civile et l'effusion générale du sang qui allait en être la suite inévitable, rien n'est plus instant que de réparer les atteintes portées à l'acte constitutionnel, et de prendre les mesures nécessaires pour empêcher qu'à l'avenir la liberté, le repos et le bonheur du peuple ne soient plus exposés à des dangers : Décrète, etc., etc. »

La population comprit que la République venait d'être sauvée.

La République et la Constitution républicaine furent en effet sauvées aux applaudissements de tous les vrais défenseurs de la patrie, aux applaudissements de tous les peuples qui espéraient d'elles leur délivrance, aux applaudissements de tout ce qui portait un cœur généreux. Les rois et leurs agents furent seuls consternés de ce coup d'état, que les armées de la liberté avaient elles-mêmes provoqué, et auquel elles avaient contribué par tous les moyens en leur pouvoir.

C'est que, alors comme aujourd'hui, les armées républicaines c'était le peuple ; et les soldats, comme le peuple, dont ils sont issus, savent très bien où sont leurs amis, et quels sont leurs ennemis.

CHEZ LE MÊME LIBRAIRE.

HISTOIRE DE LA RÉVOLUTION DE 1848, par Daniel STERN. Un beau volume in-8, enrichi de plusieurs fac-simile. . . . 6 fr.

OEUVRES COMPLÈTES DE PIERRE LEROUX, 100 livraisons, grand in-8 colombier-vélin. Prix de chaque livraison. 20 c.

(La 1re livraison paraîtra fin avril prochain).

MABLY. THÉORIES SOCIALES ET POLITIQUES, avec une Introduction et des Notes, par Paul ROCHERY. Un vol. gr. in-18. 2 fr. 50 c.

LES PHILOSOPHES SALARIÉS, par Joseph FERRARI. Un volume in-8. . . . . 2 fr. 50 c.

LE CHRIST RÉVOLUTIONNAIRE, poésies par Edmond TISSIER. In-12. . . . . 25 c.

PHILOSOPHIE DU SOCIALISME, ou ÉTUDE SUR LES TRANSFORMATIONS DANS LE MONDE ET L'HUMANITÉ, par le docteur GUÉPIN (de Nantes). Un vol. grand in-18. . . . . 3 fr. 50 c.

HISTOIRE MORALE DES FEMMES, par M. Ernest LEGOUVÉ. Un vol. in-8 de 500 pages. . . . . 6 fr.

LE MÉRITE DES FEMMES, poëme, par Gabriel LEGOUVÉ, *cinquantième édition.* Un charmant volume in-32. . . . . . 65 c.

L'AMOUR, LES FEMMES ET LE MARIAGE, pensées de toutes les couleurs, recueillies par Adolphe RICARD. Un vol. in-12 de 400 pages . . . . 2 fr.

Paris. — Imprimerie de L. MARTINET, rue Mignon, 2.

www.ingramcontent.com/pod-product-compliance
Lightning Source LLC
LaVergne TN
LVHW021742030726
842523LV00003B/857